Geier in Europa

Geier in Europa

ein Bildband über faszinierende Flugriesen
mit 85 farbigen Abbildungen

1. Auflage 2010
C. Koslowski, T. Gratzke: Geier in Europa
© Koslowski/Gratzke, 2010
Herstellung und Verlag: Books on Demand GmbH, Norderstedt
Covergestaltung T. Gratzke
ISBN: 9783839128299

Inhalt

Vorwort

Meistens sieht man erstaunte Gesichter, wenn man erzählt, dass man sich mit Geiern beschäftigt, da diese Tiere nicht zu denjenigen gehören, denen man sich wie Haustiere widmet. Und doch lohnt es sich...

Uns fiel bei einem Zoobesuch das erste Mal die Kuriosität des Schmutzgeiers auf, was bei weiteren Recherchen über diese Art und andere immer mehr Interesse an Geiern weckte. Wir entdeckten Bemerkenswertes und Besonderes und so fingen wir an zu reisen, um sie uns in freier Natur anzuschauen.
Mit der Zeit konnten wir die schon bestehende Leidenschaft am Fotografieren mit neuen Motiven kombinieren, den Geiern.

Das vorliegende Buch sind gesammelte Erlebnisse, die wir für uns und für alle diejenigen festgehalten haben, die sich, genau wie wir, überzeugen lassen, dass ein Geier eine durchaus ansehnliche Spezie ist.

Wir sind keine Ornithologen, sondern möchten unsere Begeisterung an diesen Kreaturen an andere weitergeben und zeigen, dass das allgemein bestehende negative Bild von Geiern ungerechtfertigt ist, dass es individuelle, sehenswerte, manchmal auch etwas skurrile und durchaus schön anzusehende Vögel sind.

Einführung

Es gibt 22 verschiedene Geierarten. Wir finden sie in fast allen Teilen der Welt, außer in Australien. Die in Nord- und Südamerika vorkommenden Arten zählen zur Familie der Neuweltgeier (mit sieben Arten).
Zu ihr gehört auch der größte flugfähige Vogel der Welt, der Andenkondor, der eine Flügelspannweite von über 3 Metern erreicht.
In Afrika, Teilen Asiens und Europa (also der „Alten Welt") sind die Vertreter der Altweltgeier heimisch.

Die Vögel, die wir in diesem Buch vorstellen, sind die vier Typen, die in Europa vorkommen.
Dort gibt es die größte Anzahl an freilebenden Tieren auf der Iberischen Halbinsel, weiterhin kleinere Populationen auf den Balearen, in Südfrankreich, auf Korsika, im Alpenraum, auf Kreta und dem Balkan.

Geier gehören zu den Greifvögeln und ernähren sich hauptsächlich von Aas, wodurch ihnen häufig ein negatives Image anhaftet.
Die Flügelspannweite der meisten Arten ist gewaltig und zurecht nennt man sie Flugriesen.

Einen ersten Eindruck geben die folgenden Fotos, die zeigen, wie unterschiedlich und doch bemerkenswert jede einzelne Art ist, obgleich sie alle zu einer großen Familie, den Altweltgeiern, gehören.

Schmutzgeier

Mönchsgeier

Gänsegeier

Bartgeier

Die Geier Europas - Der Gänsegeier

Gänsegeier

Vorkommen: Iberische Halbinsel, Frankreich, Balkan, Türkei, Krim, arabische Halbinsel bis zum Kaschmir

Lebensraum: offene Landschaften, meist Niederungen ohne Wald, aber auch Gebirge aller Höhenlagen

Flügelspannweite: bis 2,80 m

Gewicht: bis 11 kg

Länge: ca. 1 m

Lebenserwartung: über 40 Jahre

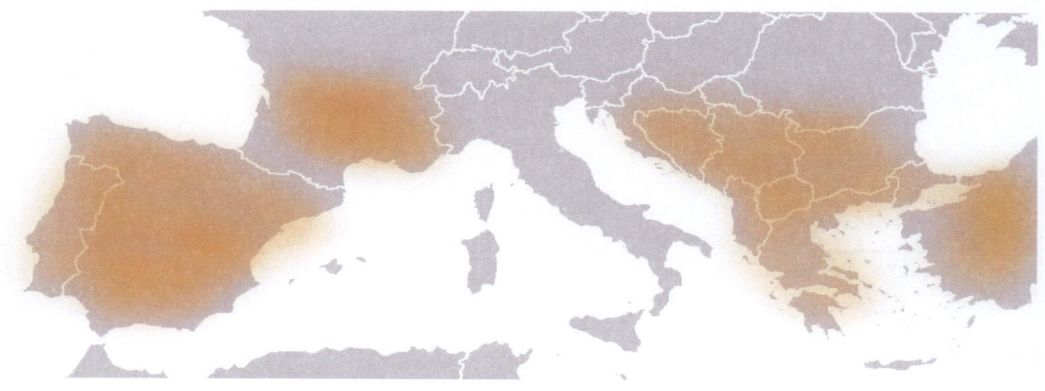

Gänsegeier entsprechen in ihrem Äußeren wohl am ehesten dem Bild, das man mit einem Geier verbindet; der Hals ist relativ lang und kahl, wie auch der Kopf, der Schnabel ist gewaltig. Nur drei der 22 Arten haben einen gefiederten Kopf. Durch eine sehr viel höhere Anzahl von Sehzellen als beim Menschen sehen Geier außerordentlich gut.

Der Schmutzgeier kann bei gutem Licht noch Objekte von ca. 7 cm Durchmesser aus einer Höhe von 1000 Metern ausmachen. Gänsegeier erkennen Objekte mit einem Durchmesser von ungefähr einem Meter noch aus 3 Kilometern Höhe. Die Beute wird nur optisch gefunden, Altweltgeier können nicht riechen, ihre Nasenlöcher sind durch eine Scheidewand voneinander getrennt.

ndeplatz anvisieren...

Fahrgestell ausfahren...

lügel einklappen...

...und sicher landen

Durch ihre Körpermasse brauchen Geier viel Energie zum Fliegen. Sie nutzen daher Thermik, warme Aufwinde, die ihnen ein manchmal stundenlanges Segeln ermöglichen; dabei brauchen sie bis zu 90 % weniger Energie als im aktiven Flug

Das Starten und Landen gestaltet sich aufgrund der großen Flügelspannweite als schwierig. Daher leben Geier in weniger bewaldeten Gegenden, suchen sich Felsen oder andere Plätze, die sie leicht anfliegen können.

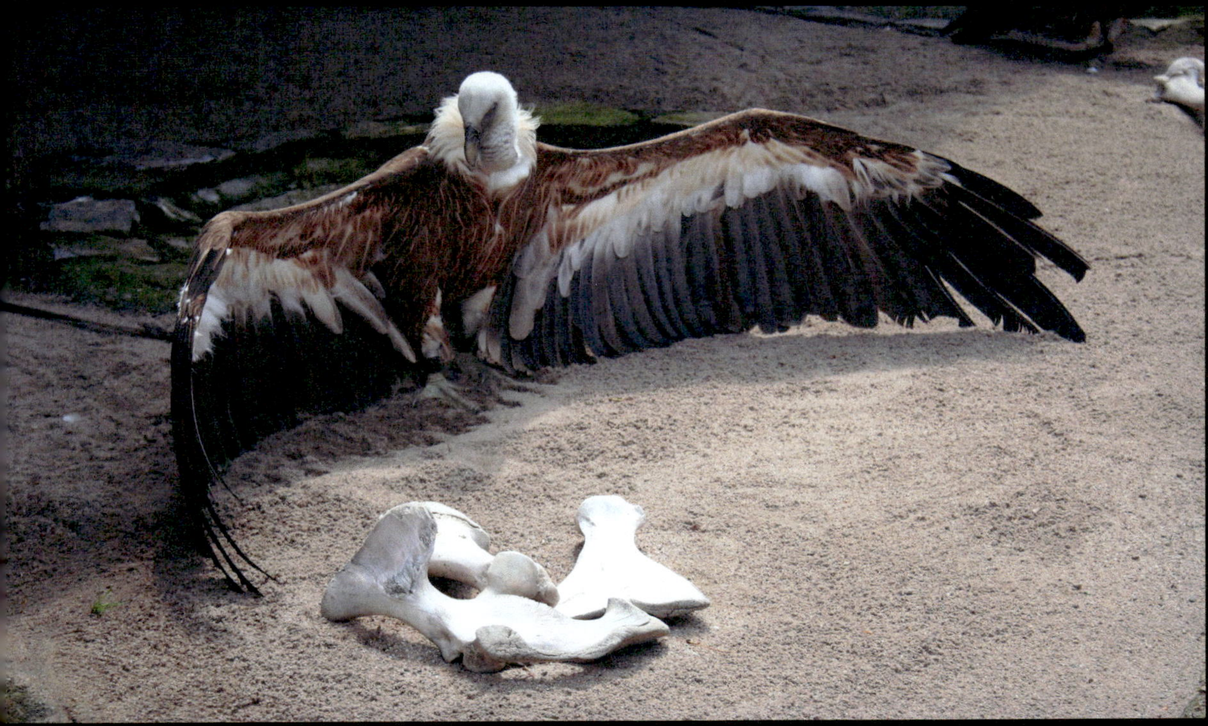

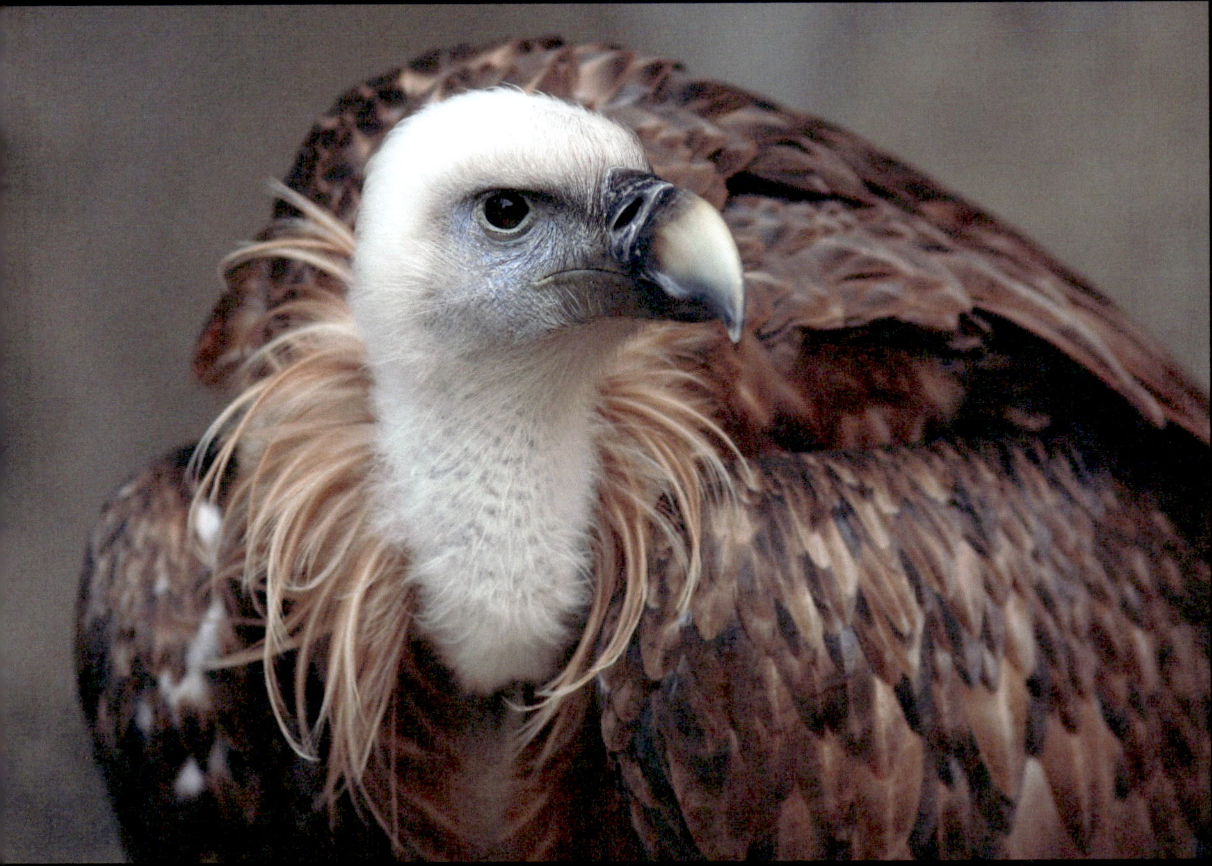

Die Geier Europas - Der Mönchsgeier

Mönchsgeier

Vorkommen: Iberische Halbinsel, Mallorca, Südfrankreich, Balkan,Türkei, Krim, Kaukasus

Lebensraum: offene Land-schaften, von Niederungen bis Höhenlagen bis zur Baum-grenze

Flügelspannweite: bis 2,95 m

Gewicht: bis 12 Kg

Länge: bis 1,10 m

Lebenserwartung: bis 40 Jahre

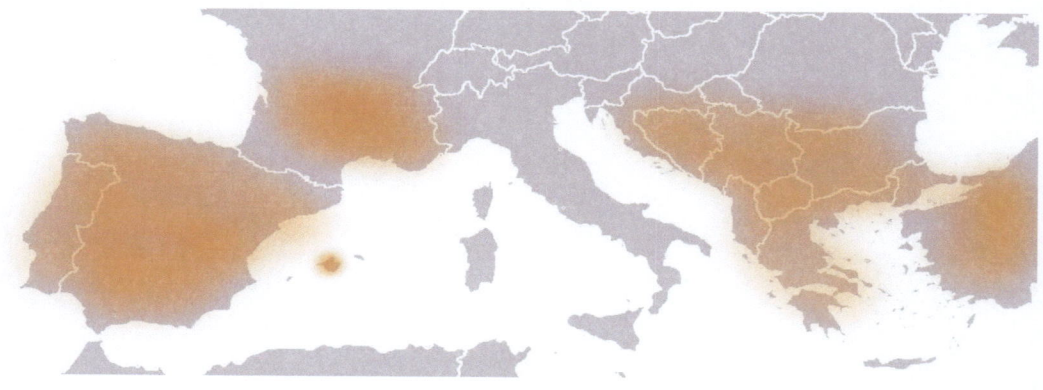

Sein Nest sucht sich der Mönchsgeier meist in Baumkronen oder an un-zugänglichen Stellen in Felsen und Steilklippen. Die großen Horste werden stetig erweitert und können nach einigen Jahren durchaus einen Durchmesser von mehreren Metern haben.

Mönchsgeier leben monogam, hat sich einmal ein Paar gefunden, bleiben sie lebenslang zusammen.

Eine Stiftung zum Schutz der Geier auf Mallorca hat sich das Ziel gesetzt, den dortigen Bestand an Mönchsgeiern zu sichern. Auch wenn die Anzahl dieser Vögel auf der Insel wieder angewachsen ist, gilt er, wie alle vier Geierarten, als bedroht und steht unter Artenschutz. Geier müssen geschützt werden, ihre Lebensräume erhalten und das oft negative Bild im Denken der Menschen könnte sich schon bald ändern...

Angenommen, alle vier hier beschriebenen Arten lebten an einem Ort, bliebe von einem Kadaver nach dem Mahl rein gar nichts übrig.
Mönchs- und Gänsegeier öffnen und fressen dann den größten Teil, danach kommt der Schmutzgeier zu seinen Resten und schließlich frisst der Bartgeier die Knochen.
Saubere Sache, nicht umsonst fällt der Begriff „Gesundheitspolizei" im Bezug auf Geier.

Der Mönchsgeier beeindruckt durch seine enorme Flügelspannweite von fast drei Metern. Das ruhige Gleiten verbreitet eine majestätische Ruhe und Souveränität beim Fliegen.

Die Geier Europas - Der Schmutzgeier

Schmutzgeier

Vorkommen: Iberische Halbinsel, Menorca, Naher und Mittlerer Osten, Nord-, Ost-, und Zentralafrika

Lebensraum: meist offene Landschaften, sonnenbestrahlt, mit Felsen durchsetzt in Ebenen und Mittelgebirgslagen

Flügelspannweite: ca. 1,50 m

Gewicht: ca. 2 kg

Länge: ca. 65 cm

Lebenserwartung: 30 – 40 Jahre

Der Kopf des Schmutzgeiers ist gefiedert, da er seinen Hals nicht tief ins Kadaver steckt. Der Hakenschnabel hilft ihm beim Entfernen von Beutestückchen. Im Gegensatz zu den drei anderen Arten ist sein Schnabel schmal und dünn, doch keineswegs weniger hilfreich. Er öffnet kein Aas, sondern

bevorzugt übriggebliebene Stücke. Auch liebt er Straußeneier, deren Schale natürlich zu hart für ihn ist. So benutzt er Steine als Werkzeug, mit denen er das Ei bewirft, bis dessen Schale kaputtgeht und er an das Innere gelangt.

Auch ein Geier hat viele Gesichter....

Die Geier Europas - Der Bartgeier

Bartgeier

Vorkommen: Alpen, Pyrenäen, Korsika, Kreta, Zentralasien, Mongolei, Kaukasus, Zentralchina

Lebensraum: Hochgebirge, Bergregionen oberhalb der Baumgrenze

Flügelspannweite: bis 2,80 m

Gewicht: ca. 6 kg

Länge: ca. 1,10 m

Lebenserwartung: 40 Jahre und älter

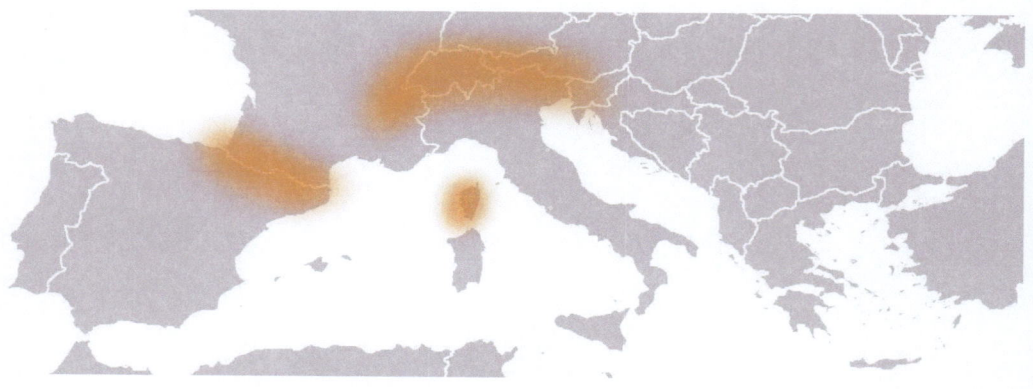

Der Bartgeier kann bis zu 18 cm lange Knochen schlucken, seine Mundspalte ist bis zu 7 cm dehnbar. Sind die Knochen jedoch zu groß, fliegt er damit im Schnabel in die Luft und lässt sie aus großer Höhe auf vorher ausgesuchte Stellen, meist Felsplateaus, fallen, sodass sie zerbrechen. Dies macht er solange, bis die Knochen klein genug sind. Beeindruckend, wenn man bedenkt, dass es sich um einen Vogel handelt und nicht um ein beutereißendes Säugetier.

Neben seiner Hauptnahrung Knochen frisst der Bartgeier auch Landschildkröten, deren Panzer er ebenfalls durch Fallenlassen auf Felsen aufsprengt. Der Legende nach wurde Aischylos, der griechische Tragödiendichter, von einer ihm auf den Kopf fallenden Schildkröte erschlagen, die ein Greifvogel fallenließ.
Ob es ein Bartgeier war ??

Der einst ausgerottete Bartgeier konnte bislang erfolgreich im Alpenraum wiederangesiedelt werden.

Wenn es keinen Knochen gibt, reicht auch mal ein Stock zur Beschäftigung.

Die langen, schwarzen Federn neben dem Schnabel erinnern an einen Bart und geben dieser Art ihren Namen. Der rote Ring ums Auge zeigt die Erregung des Vogels an. Umso aufgeregter er ist, desto mehr tritt das Rot hervor.

Reisebericht Mallorca, April 2009

Wir verbringen eine Woche auf Mallorca, um dort in der Sierra de Tramuntana im Nordosten der Insel hoffentlich freifliegende Geier zu entdecken. Einer Stiftung, die sich für die Erhaltung der dort ansässigen Mönchsgeier einsetzt, möchten wir ebenfalls einen Besuch abstatten.

Mittwoch, 15. April

Von unserem Standort in Puerto de Alcudia fahren wir zur BVCF (Black Vulture Conservation Foundation) nach Campanet. In schöner Umgebung liegt die Stiftung, die sich für die Erhaltung des Mönchsgeiers und weiterer europäischer Geierarten einsetzt. Wir erleben eine sehr interessante und gut gestaltete Vorführung, die uns Einblicke in die Arbeit des BVCF, der aktuellen Situation auf der Insel sowie viele weitere Informationen liefert.

In der anliegenden Voliere sehen wir zwei Gänse- und einen Mönchsgeier, die dort leben.

Da es schon zu spät am Tag ist, um noch in die Sierra de Tramuntana zu fahren, steuern wir Kloster Lluc an, bewundern den Klostergarten und sehen später den ersten Geier frei fliegen.

Donnerstag, 16. April

Von Puerto de Alcudia aus fahren wir über die MA10 zum Cúber-Stausee, einem großen, schön gelegenen Stausee, an dem die Chancen gut sein sollen, Geier frei fliegen zu sehen. An diesem Tag weht ein solch starker Wind, der es nicht zulässt, den Weg entlang des Sees zu gehen. Wir fahren weiter auf der MA10, halten am Rastplatz "Sa Bassa "; von dort führt ein schöner Weg hinauf in die Berge. Trotz wunderbarem Sonnenschein und blauem Himmel sehen wir den ganzen Tag keinen einzigen Geier. Schade, es ist wohl doch zu windig !

Freitag, 17. April

Wir fahren nach Port de Sóller, über die Autobahn MA13 und weiter die M 11 Richtung Sóller. Kurz vor dem Toll-Tunnel sehen wir eine Gruppe Mönchs-geier segeln. Von Port Sóller aus haben wir uns eine Route zum Wandern herausgesucht, entlang der  Steilküste Richtung Norden nach Punta Cala Rotja. Landschaftlich ist dieser Weg sehr reizvoll, schön zu laufen, Geier sehen wir trotz allem keine.

Den Rückweg von Port Sóller aus nehmen wir wieder über den Cúber-Stausee und kurz nach dem Tunnel bei Serra de Torrelles erblicken wir vier tieffliegende Gänsegeier, die nicht weit über unseren Köpfen segeln. Das entschädigt !

Samstag, 18. April

Über Pollenca fahren wir am Cúber-Stausee vorbei auf der 710 und ca. 1 km nach dem Tunnel "Serra de Torrelles" biegt rechts ein Forstweg ein. Wir halten und folgen dem Fußweg nach oben, der uns zum Puig de Senor Noffre führt.Von dort aus hat man eine wunderbare Aussicht in alle Richtungen, kann in der Ferne den höchsten Berg der Insel, den Puig Major, erblicken und es lohnt sich zu verweilen und die Landschaft zu genießen.Wir entdecken beim Aufstieg zwei Mönchsgeier und später im Tal über Fornalutx sieben Gänsegeier im "Spielflug", die sich langsam Richtung Meer bewegen und dann verschwinden. Wunderbare Bilder!

Sonntag, 19. April

Wir starten in Fornalutx, direkt im Ort auf einem Wanderweg, der nach oben und in die Berge führen soll. Doch den richtigen Weg scheinen wir verpasst zu haben, folgen einem Teerweg entlang hinauf und sehen mehrmals Geier segeln, jedoch recht weit entfernt und hoch oben. Mehr Glück haben wir an diesem Tag nicht. Störend ist der Motorlärm der vielen Biker auf Sonntagsausflug, der noch oben bis in die Berge zu hören ist.

Montag, 20. April

Wir steuern einen Wachtturm der "Vigilancia forestal" auf dem Puig de Sa Bassa an, der als gutes Geierbeobachtungsgebiet gilt. Wahrscheinlich nur, wenn wir nicht da sind, denn auch nach einer langen Zeit des Verharrens und Ausschauhaltens erblicken wir nicht eine Spezie.
Der Weg dorthin ist ein markierter Kletterpfad, der reizvoll und nicht zu schwierig zu gehen ist.

Trotz der doch spärlichen Ausbeute an gesichteten Mönchs- und Gänsegeiern haben wir die Tage sehr genossen. Die Landschaft ist außerordentlich abwechslungsreich und auch die Möglichkeiten zu wandern sind zahlreich. Selbst wenn inzwischen ca.110 Exemplare an Mönchsgeiern auf der Insel heimisch sind, ist es wie eine Lotterie, ob man sie zu sehen bekommt.

Reisebericht Extremadura, Juli 2009

Wir fahren einige Tage in die Extremadura/Spanien, wollen im Nationalpark Montfragüe Gänse-, Mönchs- und Schmutzgeier entdecken. Zugegeben, eine Reise Mitte Juli in diese Region ist nicht besonders intelligent, die Temperaturen können bis auf 40° Grad im Schatten steigen. Doch es lässt sich nicht anders einrichten und so freuen wir uns auf neue Erlebnisse.

Nach einem anstrengenden Anreisetag können wir im Dunkeln die sich bietende Landschaft gar nicht mehr wahrnehmen. Doch am nächsten Tag sehen wir in hellem Sonnenschein hügelige Landstriche, gespickt mit einzelnen Bäumen, meist Korkeichen. Im Hintergrund ziehen sich Berge entlang; eine geeignete Landschaft für die Vögel.

Parque Nacional de Montfragüe

Das Gebiet wurde 1979 zum Nationalpark deklariert und umfasst 17852 ha.
Seit 2003 ist es Naturreservat. Zahlreiche Wanderwege bieten die Möglichkeit, die dortige Tier- und Pflanzenwelt zu beobachten. Dazu zählen u.a. Mönchs-, Gänse- und Schmutzgeier, Steinadler, Schwarzstorch und viele mehr, die sich in einer typisch mediterranen Waldlandschaft, durchzogen von Fluss- und Weidelandschaften, heimisch fühlen.
Ein Informationszentrum für Besucher und Interessierte findet man in Villareal de San Carlos.

Samstag, 11. Juli

Nach einem guten Frühstück führt uns der Weg am ersten Tag gleich zum bekannten „Geierfelsen", dem „salto de gitano", mitten im Nationalpark Montfragüe gelegen. Direkt nach dem Eingangsschild zum Park sehen wir auch schon den ersten Vertreter segeln, der sich bald als Gänsegeier identifizieren lässt. Ihm folgen einige andere und bald lässt die anfängliche Begeisterung über jedes erblickte Exemplar nach. Vor allem dann, als wir am Felsen ankommen und über dessen Spitze mindestens ein halbes Dutzend Gänsegeier fliegen; kommen und gehen.
Es sind eigentlich deren zwei Felsen, getrennt durch den Fluss Tajo, der sich grünlichschimmernd vorbeischmiegt. Die Tiere fliegen tief, schrauben sich unweit über unseren Köpfen in die Höhe, fliegen weg, andere kehren zurück, landen, starten wieder. Es ist ein beeindruckendes Bild, sie scheinen sich durch Menschen gar nicht stören zu lassen. Beim genauen Hinsehen entdecken wir viele weitere sitzend in den Felsen und Nischen und es ist erstaunlich, wie gut sie ihr Gefieder tarnt.

Der Aussichtspunkt ist für Beobachter schön eingerichtet, mit Bänken und einem kleinen Schutzdach. Es sind kaum Leute da, sehr angenehm.

Sonntag, 12. Juli

Der Weg führt uns durch einen anderen Teil des Montfragüe, vorbei auch am Informationszentrum in Villareal de San Carlos, in dem wir kurz halten. Für Besucher des Parks gibt es dort Karten und Informationsmaterial über die Flora und Fauna, Tipps zum Wandern und Erkunden der Region. Sinnvoll sind Spanisch-kenntnisse, denn auch wenn der Herr dort sehr nett und freundlich ist, versteht er keine andere

Sprache als seine eigene. Gegen Abend, als die Sonne nicht mehr ganz so heiß brennt, kommen wir nochmal am „Salto de gitano" vorbei und erleben ein ähnliches Bild wie am Tag zuvor. Wir wenden uns diesmal von der Flussseite ab und gehen ein Stück am Berg entlang.
In einer Nische sitzend erblicken wir einen jungen Gänsegeier, der neugierig umherschaut. Weitere Vögel kommen und fliegen weg, unbeeindruckt von unserer Anwesenheit.

Abends ist die Temperatur richtig angenehm und in der langsam untergehenden Sonne wird die Landschaft in ein warmes Licht getaucht. So könnte es bleiben...

Montag, 13. Juli

Heute ist es angenehmer, ein leichter Wind lässt die Hitze erträglich sein.Wir nehmen diesmal eine andere ausgeschilderte Straße, an der ebenfalls einige Aussichtspunkte liegen. Unterwegs sehen wir immer wieder Gänsegeier segeln, auch ein Paar Schmutzgeier kreuzt unser Blickfeld. Es ist Mittagszeit. Am „Portilla de Tiétar" halten wir, Geier segeln über dem Felsen. Ein steinernes Guck-

häuschen gegenüber dem Felsen ist ein wunderbarer Beobachtungsplatz, schattig, etwas kühler und angenehm zu verweilen. Mit der Zeit erblicken wir nicht nur die fliegenden Exemplare, sondern auch in den Felsen viele weitere sitzend; alleine, gleich zu mehreren und mit der Zeit kommen wir mit dem Zählen gar nicht nach, so viele entdecken wir. Es ist wie eine „Geierwohnsiedlung", plötzlich erspähen wir auch ein Nest, mit einem Jungvogel darin, der schon recht groß ist und seine Umwelt erforscht. Gleich einen Meter tiefer einen zweiten, der Kleine darin zieht es aber vor zu schlafen und die Sonne auf sein schon braunes Rückengefieder scheinen zu lassen. Es gibt dort so viel zu sehen, dass wir die Zeit vergessen.

Der nächste Tag führt uns zurück zum Flughafen, wir freuen uns auf kühlere Temperaturen in Deutschland und fliegen mit vielen wunderschönen Erlebnissen heim. Im nachhinein merken wir, dass wir keinen einzigen Mönchsgeier gesehen haben, wo sie doch in diesem Nationalpark besonders zahlreich sein sollen. Aber wir waren ja auch nicht so lange dort und auch nicht überall. Doch wir sind sicher, in einer gemäßigteren Jahreszeit noch einmal hinzufahren, denn es gibt so viel zu erkunden.

Normalerweise vertragen sich unterschiedliche Arten miteinander, es sei denn, es geht ums Fressen. Aufgrund eines hochentwickelten Immunsystems können die meisten Gifte den Vögeln nichts anhaben. Zudem beginnt die Verdauung im Magen in hochkonzentrierter Magensäure.

Korkeichen sind typisch für Teile des Landschaftsbildes der
Extremadura.
Sie sehen wunderschön in der späten Nachmittagssonne aus

Vorstellung anderer Geier

Die folgenden Seiten zeigen vier
weitere, nicht in Europa heimische,
Geier, die wir bei unseren
Besuchen in Tierparks und
Falknereien entdeckt haben.

Da man den Schneegeier in den
Regionen des Himalaya in
Zentralasien findet, wird er auch
Himalayageier genannt.
Er ist ein großer und schwerer
Vertreter der Altweltgeier mit
durchschnittlich 10 kg Gewicht und
zeichnet sich durch sein helles
Gefieder aus.

Der Sperbergeier ist gesellig und ein Koloniebrüter, aber kleiner als der ihm ähnliche Gänsegeier. Man findet ihn in Afrika. Bekannt ist, dass Bernhard Grzimeks Sohn bei einem Flugzeugabsturz in Afrika ums Leben kam. Die Maschine kollidierte mit einen Vogel, es soll ein Sperbergeier gewesen sein. Diese Art fliegt auch in extremen Höhen; einem Vertreter kostete es das Leben, in 11.000 Metern Höhe mit einem Flugzeug zusammengestoßen zu sein.

Sowohl Ohren-
geier wie auch
Wollkopfgeier
kommen in
nahrungsreichen
Gebieten Afrikas
und des Vorderen
Orients vor.
Der Ohrengeier ist
einer der größten
und schwersten
Altweltgeier. Er
macht als einziger
auch Jagd auf
kleinere

Beutetiere, wie zum Beispiel Kaninchen. Seine meist schönen, weißen Hosen
machen den etwas weniger attraktiven kahlen Kopf wett. Er gehört zu den
Solitärgeiern, das heißt, er lebt nicht in Kolonien mit Artgenossen.

Der Wollkopfgeier ist ebenfalls ein Einzelgänger, aber kleiner als der Ohrengeier. Sein Kopf wirkt eckig, ist weiß, die Augen sind groß und der Hals relativ kahl. Das Gefieder ist dunkel.

Empfehlenswerte Ausflugsziele (Auswahl)

Zoos und Tierparks:

Zoo Frankfurt

Bartgeier, Schmutzgeier,
(Königsgeier)

Vivarium Darmstadt

Mönchsgeier, Schmutzgeier

Wilhelma Stuttgart

Bartgeier, Gänsegeier

Wildpark Bad Mergentheim

Gänsegeier, Sperbergeier,
Schneegeier
*mit den Tierpflegern zur
Fütterung unterwegs*

Zoo Zürich

Schmutzgeier

Falknereien:

Deutsche Greifvogelwarte
Burg Guttenberg

Mönchsgeier, Gänsegeier
Bartgeier, Schmutzgeier,
Wollkopfgeier, (Truthahngeier)
*Flugvorführung mit vielen
interessanten Informationen*

Burgfalknerei Hohenbeilstein

Mönchsgeier, Gänsegeier,
Schneegeier, Sperbergeier
*sehr informative und schöne
Flugvorführungen*

Falkenhof Feldberg/Taunus

Gänsegeier
schön gestaltete Flugvorführung

Stand November 2009

Schlusswort

...unser ganz spezieller Geier...

Wir hatten viel Spaß beim Sammeln und Zusammenstellen der Fotos und Berichte, die wir in diesem Band festgehalten haben. All die Dinge, die wir erfahren und gelernt haben auf unseren Ausflügen und Reisen, haben wir zusammengetragen. Zusätzliche, wissenschaftliche Informationen waren nicht so einfach zu finden, da wir beim Recherchieren entdeckten, dass sich manche Aussagen aus unterschiedlichen Quellen widersprachen. So haben wir versucht, ein realistisches Mittel zu finden.

Auch soll dieses Buch mehr die Schönheit und Individualität der Flugriesen zeigen als wissenschaftlich detailliert zu informieren. Das oft negative Bild der Geier möchten wir verbessern, weil es nicht gerechtfertigt ist.

Wir hoffen, es ist uns gelungen.